LOTTE LASERSTEIN
(1898–1993)

JÜDISCHE MINIATUREN
Herausgegeben von Hermann Simon

Bd. 286 LOTTE LASERSTEIN

Alle „Jüdische Miniaturen“ sind auch im Abonnement beim Verlag erhältlich.

Die Deutsche Nationalbibliothek verzeichnet diese Publikation in der Deutschen Nationalbibliografie; detaillierte Daten sind im Internet über https://portal.dnb.de/ abrufbar.

Inh. Dr. Nora Pester
Haus des Buches, Gerichtsweg 28
04103 Leipzig
info@hentrichhentrich.de
http://www.hentrichhentrich.de

Lektorat: Philipp Hartmann
Gestaltung: Michaela Weber
Druck: Winterwork, Borsdorf

1. Auflage 2022

Printed in Germany
ISBN 978-3-95565-494-8

ELKE-VERA KOTOWSKI

LOTTE LASERSTEIN

DIE PORTRÄTISTIN DER NEUEN SACHLICHKEIT

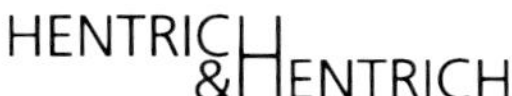

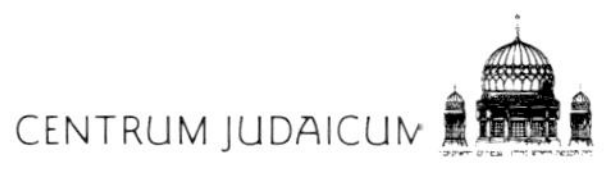

Umschlag vorn: siehe Seite 19

Dieser Band wurde gefördert durch die Moses Mendelssohn Stiftung.

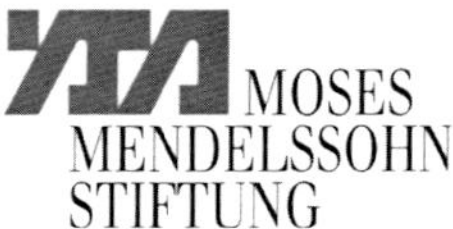

Inhalt

„Die ‚Neue Sachlichkeit' ist kein Ruhepunkt, kein Ziel, sondern Etappe einer Wanderung"
(Wilhelm Michel, 1926)

„Ich werde Malerin"
Kindheit und Jugend

Als älteste Tochter des Apothekers Hugo Laserstein und seiner Frau Meta, geborene Birnbaum, kam Lotte am 28. November 1898 in dem kleinen Städtchen Preußisch Holland bei Königsberg zur Welt. Die Familie übersiedelte wenig später nach Bad Nauheim, wo der Vater 1902 mit gerade einmal 42 Jahren an einem Herzleiden starb. Die Mutter zog daraufhin mit ihren beiden Töchtern Lotte und der anderthalb Jahre jüngeren Käte zu ihrer alleinstehenden Schwester Elisabeth und ihrer Mutter Ida Birnbaum nach Danzig. Elisabeth, genannt Elsa, betrieb eine private Malschule, und so kam es, dass die Nichte Lotte bereits früh im Fach Malerei unterrichtet wurde.

„Ich werde Malerin", verkündete kess die erst fünfjährige Lotte Laserstein. Gut 90 Jahre später erinnerte sich die Malerin an jene kindliche Entschlossenheit. In einem Interview für die britische Zeitung *The Times* bemerkte sie knapp zwei Jahre vor ihrem Tod: „Als ich fünf war, hatte ich einen sieben Jahre alten

Verehrer. Schon damals sagte ich zu ihm: ‚Verschwende nicht Deine Zeit. Ich werde mein Leben der Kunst widmen‘."[1]

Wie ernst sie es mit dieser Aussage nahm, verdeutlichte die angehende Künstlerin auch als Zehnjährige, als sie entschlossen und ein wenig altklug in das Gästebuch ihrer Tante Elsa schrieb: „Die Malerei ist eine stumme Poesie [...], zur Erinnerung an meine Anfangs-Studien."[2]

Der reine Frauenhaushalt – die verwitwete Mutter und deren unverheiratete Schwester Elsa waren berufstätige und autarke Frauen – mag Lotte und auch ihre jüngere Schwester Käte nachhaltig geprägt haben, denn beide Töchter blieben zeitlebens alleinstehend und sorgten stets selbst für ihren Lebensunterhalt.

1912 verlagerte die gesamte Familie ihren Wohnsitz von Danzig nach Berlin. Dort gingen Lotte und Käte auf die Chamisso-Schule in Schöneberg, eine der wenigen Mädchenschulen in der Hauptstadt, in denen die Hochschulreife erworben werden konnte.

Frauen war es in Deutschland erst ab 1919 gestattet, an einer Akademie zu studieren, und so zählte Lotte Laserstein zu den ersten Absolventinnen der Hochschule für die Bildenden Künste, an der sie sich 1921 immatrikulierte und 1927 ihr Studium mit Auszeichnung abschloss.

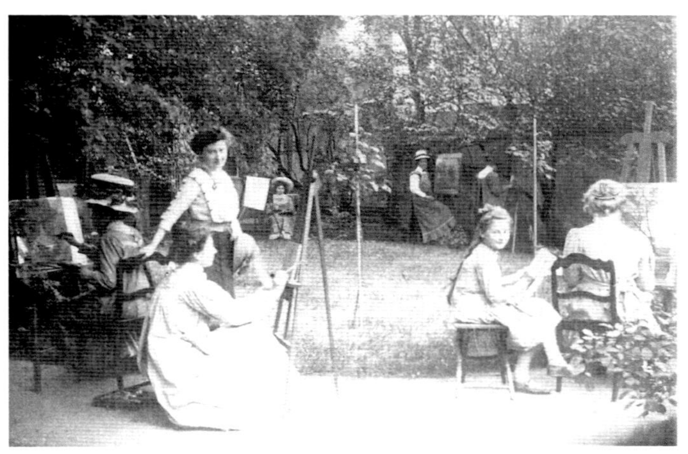

Lotte Laserstein als Zwölfjährige in der Malschule ihrer Tante Elsa Birnbaum (um 1910)

Ihr fester Entschluss, Malerin zu werden – und dies mit einem akademischen Abschluss zu legitimieren – focht Lotte Laserstein unbeirrt durch, selbst als aufgrund der finanziellen Rahmenbedingungen eine Fortsetzung des Studiums bedroht schien. Nach dem ersten Semester an der Kunsthochschule schrieb die Studentin am 6. Juli 1922 einen Brief an deren Leiter Arthur Kampf:

„Sehr verehrter Herr Direktor!

Gestatten Sie, dass ich in einer für mich entscheidenden Angelegenheit ihre Zeit in Anspruch nehme. Ich besuche die Akademie seit Oktober vorigen Jahres. Infolge der immer schwieriger werdenden Lebensverhältnisse ist es mir nicht mehr möglich, die Kosten für das Studium aufzubringen. Meine Mutter ist als Witwe auf ihr Vermögen angewiesen und gesundheitlich nicht mehr in der Lage, sich in eine dauernde Erwerbstätigkeit zu begeben. Meine Schwester bestreitet ihr Universitätsstudium soweit wie möglich selbst, nimmt aber für die Lebenserhaltung noch meine Mutter in Anspruch. Obwohl ich so viel wie möglich kunstgewerblich arbeite, reicht der Verdienst nicht aus, Schulgeld und Material, geschweige denn den Lebensunterhalt zu bestreiten. Da ich aus diesen Gründen gezwungen wäre, mein Studium abzubrechen, richte ich an Sie, sehr verehrter Herr Direktor, die Bitte, mir nach Prüfung der Angelegenheit (Steuerquittung beiliegend) eine Freistelle zu bewilligen. Mit vorzüglicher Hochachtung Lotte Laserstein“

Lotte Laserstein wurde Meisterschülerin von Erich Wolfsfeld (1884–1956), Professor für Malerei und Radierkunst. Sie hatte sich auf die Porträtmalerei spezialisiert. Bereits ihre frühen Porträts, zuweilen auch Selbstporträts, deuten in einzigartiger Weise auf das künstlerische Potential der des sachlichen Realismus verhafteten Malerin.

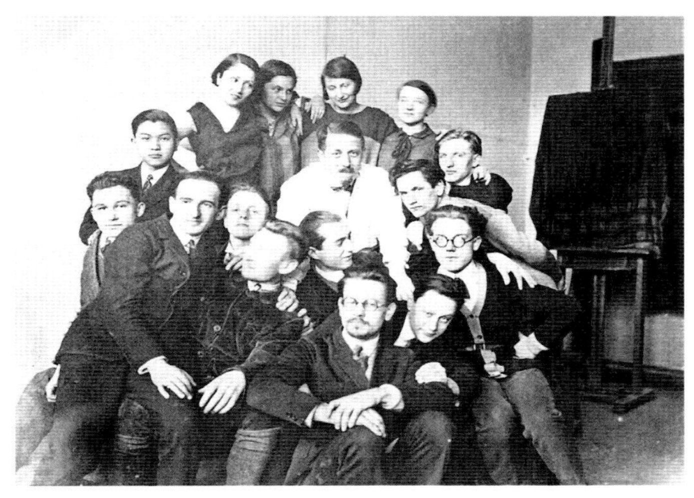

Erich Wolfsfeld (Mitte) mit seinen Studentinnen und Studenten (1925). Direkt hinter ihm steht Lotte Laserstein.

„Ich und mein Modell"
Lotte Laserstein und Traute Rose

Bereits während ihres Studiums lernte Lotte Laserstein die sechs Jahre jüngere Gertrude Süssenbach (1903–1989) kennen, ebenfalls angehende Malerin und Fotografin. Diese junge, attraktive und selbstbewusste Frau mit Kurzhaarschnitt und großem schauspielerischen Talent wurde bald Lasersteins Lieblingsmodell und ihre lebenslange Freundin. Nach Dafürhalten der Künstlerin verkörperte Traute Rose, wie sie sich ab 1933 nach ihrer Hochzeit mit dem Schriftsteller Ernst Rose nannte, jene neue, gestaltende Frau in der Großstadt par excellence: emanzipiert, modisch, eigenständig, sportlich, weltläufig. Rückblickend erinnert Traute Rose die erste Begegnung mit Lotte Laserstein folgendermaßen: „Wir lernten uns bei den Quäkern kennen, wo ich für die Studentenversorgung arbeitete. Lotte L. sprach mich an, ob ich nicht Modell für sie sitzen wollte. Da ich mich schon immer sehr für Kunst interessiert und alle großen Ausstellungen besucht hatte, war ich natürlich begeistert, auf diese Art der Kunst näher zu kommen […]."[3] *Die Tennisspielerin*, ein Gemälde, das Lotte Laserstein 1929 fertigstellte und für das Traute Rose Modell saß, spiegelt das Lebensgefühl der Neuen Frau der 1920er Jahre wider. Frau treibt nicht nur Sport – hier Tennis, wie die meisten anderen Sportarten bislang eine nahezu ausschließliche Domäne des gehobenen männlichen Bürgertums –, sie kleidete sich dafür auch sportlich extravagant. Die Mode jener Jahre war Teil einer sozialen Revolution. Der neue Kleidungsstil befreite den weiblichen Körper nicht nur von Korsett und steifen, die Bewegungsfreiheit einschränkenden Kleidern, sie verlieh der einsetzenden weiblichen Emanzipation auch modischen Ausdruck. Der Pariser Garçonne-Stil fand auch in Berlin weiblichen Zuspruch. In dem 1927 entstandenen Werk *Im Gasthaus* dominiert eine junge, selbstbewusste Frau die Bildfläche. Sie trägt einen schwarzen Glockenhut, der eine Bubikopf-Frisur erkennen lässt, eine weiße Bluse mit angedeuteter Krawatte, ein schwarzes Jackett. Sie streift sich gerade die Lederhandschuhe von den Händen, was darauf deuten könnte, dass sie mit ihrem eigenen Automobil unterwegs ist und einen Zwischenstopp in einem Berliner Lokal einlegt, um sich zu stärken, oder vielleicht hat sie sich dort auch verabredet und wartet auf ihr Gegenüber. „Nicht verrucht, sondern von strenger Eleganz, ist Lasersteins Restaurantbesucherin kein exotischer Vogel der Bohème, keine rauschende, übermächtige sophisticated Lady, kein käufliches Wesen“,[4] so beschreibt es die Kunsthistorikerin Anna-Carola Krausse bei der Betrachtung des Porträts.

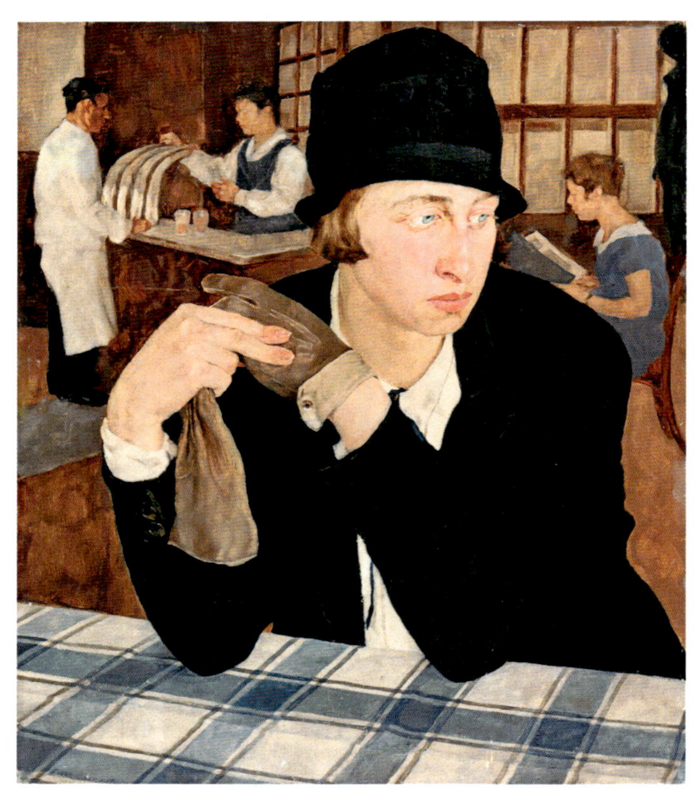

Im Gasthaus (1927)

Traute Rose, die sich sowohl als Modell für eine *Tennisspielerin*, eine *In Andacht* (1925) Versunkene oder *Die gestaltende Frau* (als Plakatentwurf zur gleichnamigen Ausstellung von 1930) eignete, hatte ein ausgeprägtes Talent der Wandlungsfähigkeit. Es gelang ihr, ad hoc einen bestimmten Gemütszustand auszudrücken. Für Lotte Laserstein war sie damit ein ideales Medium.
Über die Faszination, die die Malerin dem perfekten Modell gegenüber empfand, hinausgehend, übte Traute Rose zudem eine große emotionale Anziehungskraft auf Lotte Laserstein aus. Sie wurde alsbald ihre Muse, möglicherweise auch ihre Geliebte. Ihre Biografin Anna-Carola Krausse bemerkt hierzu: „Ihre später durch einen markanten Kurzhaarschnitt noch unterstrichene androgyne Erscheinung entsprach dem zeitgenössischen Schönheitsideal. Doch es war wohl nicht allein Roses attraktives Aussehen und die von der Malerin häufig betonte besondere Fähigkeit, auch schwierige Posen lange zu halten, die sie zum bevorzugten Modell der Malerin werden ließ. Die Intimität zahlreicher Akt- und Malerin-Modell-Darstellungen legt eine über ein freundschaftliches Arbeitsverhältnis hinausgehende Verbindung nahe. Eindeutige Hinweise auf ein Liebesverhältnis zwischen Laserstein und ihrem Modell gibt es, auch in der vierzigjährigen Exil-Korrespondenz, allerdings nicht.“[5]

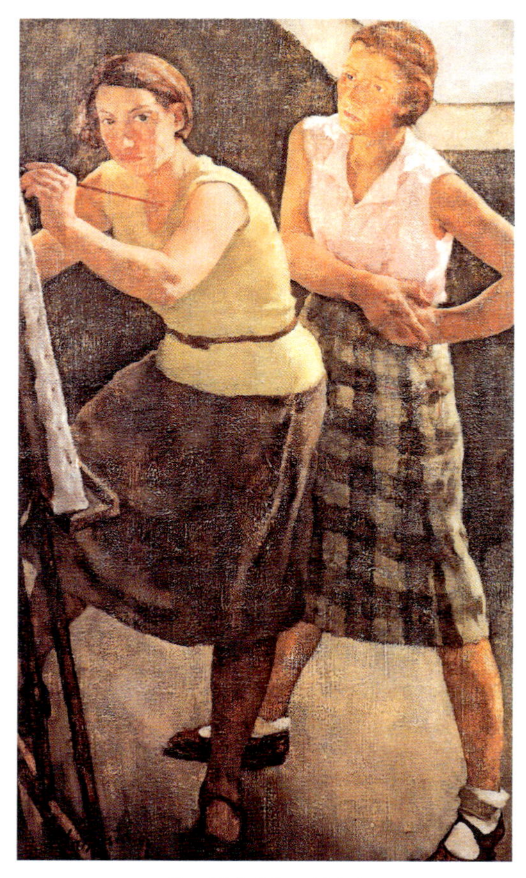

Zwei Mädchen (1927)

Die Freundschaft und Vertrautheit der beiden Frauen zeigt sich augenscheinlich in ihrem ersten Doppelporträt *Zwei Mädchen* von 1927. Für dieses Bild stand Traute Rose nach längerer Krankheit erstmals wieder Modell, es bildet den Auftakt für eine fortan intensive Zusammenarbeit zwischen Malerin und Modell. Lotte Laserstein unterstreicht in diesem Werk gleichsam die Bedeutung, die Traute Rose für sie hat, sowohl als Freundin als auch als Modell, aber nicht als passives Objekt, sondern vielmehr als gleichberechtigtes Subjekt, das am Entstehungsprozess des Gemäldes aktiv beteiligt ist. Während die Malerin ihr Spiegelbild – und damit auch den Betrachter – beäugt, schaut das Modell mit aufmerksamem Blick der Malerin über die Schulter und verfolgt das künstlerische Schaffen. Das Modell bildet hier kein Gegenüber, kein Jenseits der Staffelei, sondern ein – ebenbürtiges – Nebeneinander. Die gemeinsame Spiegelung löst somit die Hierarchie zwischen Malerin und Modell auf. Das Spiegelbild setzt beide gleich, und die Malerin wird selbst zum Modell, das sich zudem einem kritischen Blick über die Schulter aussetzt. Ihr Modell Traute Rose ist unmittelbar in den Entstehungsprozess involviert und überwacht diesen.

Zwei Jahre später griff Lotte Laserstein dieses Motiv des vertrauten Doppelporträts erneut auf. Während das zuvor geschaffene Bild die Gleichberechtigung der Abgebildeten auch im Titel unterstreicht – *Zwei Mädchen* –, scheint nunmehr aber eine hierarchische Struktur bewusst angezeigt, denn der Titel des 1929/30 entstandenen Gemäldes lautet *Ich und mein Modell*. Dass Lotte Laserstein den forcierten „Ich"-Bezug durch die Erstnennung im Titel weniger auf eine persönliche Egozentrik als vielmehr auf die identitätsstiftende Bedeutung, die die Malerei als Lebensinhalt für sie darstellt, bezieht, wird nicht zuletzt darin deutlich, dass auch in diesem Doppelporträt das Modell erneut eine schöpferische Kraft ausübt. Mit ihrem eng sich an die Malerin anschmiegenden Körper bietet sie dieser Halt und Stärke. Allerdings zeigt sich hier auch die Wechselseitigkeit von Stärke und Schutzfunktion, symbolisiert durch das leichtbekleidete Modell, das das eingangs erwähnte hierarchische Rollenmuster von Malerin und Modell aufgreift: das Modell als Muse, nur leicht bekleidet sowohl Schutzbedürftigkeit als auch erotische Ausstrahlung konnotierend. Die Künstlerin hingegen trägt einen derben Malerkittel mit hochgeschlagenem Kragen, hinter dem das Modell Schutz findet.

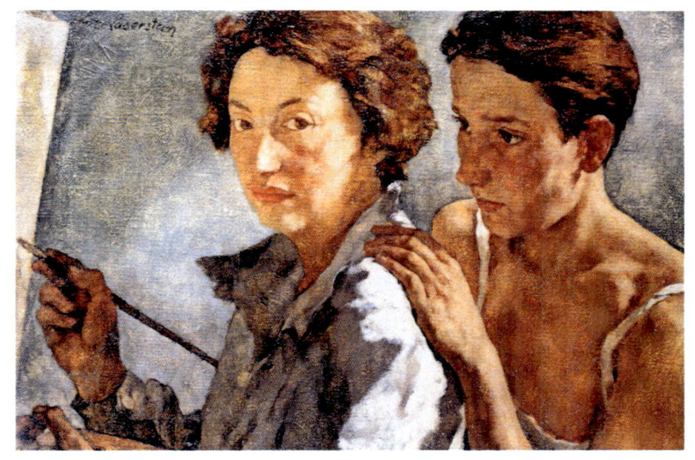

Ich und mein Modell (1929/30)

Jene Vertrautheit und Intimität zwischen Malerin und Modell zeigt sich ebenso in Lasersteins Aktbildern: *In meinem Atelier* (1928), *Morgentoilette* (1930), *Eva* (1930) und *Vor dem Spiegel* (1930/31). Die Aktmalerei galt bis dahin als eine Domäne der männlichen Künstler, nunmehr griff Lotte Laserstein Mitte der 1920er Jahre dieses Sujet auf. Sie wartete mit ihren anmutigen, sehr intimen Akten auf und unterstrich damit einmal mehr ihre professionelle Ebenbürtigkeit gegenüber ihren Malerkollegen. Aber nicht nur das: Die Direktheit, mit der die Künstlerin ihre Modelle in Szene setzt, verweist auf eine kritische „Befragung und Inszenierung weiblicher Identität".[6] Die Vertrautheit zwischen Künstlerin und Modell und ihr freimütiger Umgang mit dem unverhüllten Körper drückt nicht zuletzt jenen Zeitgeist des frühen 20. Jahrhunderts aus, (Sexual-)Reformbewegungen und die sogenannte Körperkultur trugen zur Ästhetisierung des entblößten weiblichen Körpers bei. Lotte Laserstein war eine der ersten Künstlerinnen, die diesen ästhetisierten weiblichen Akt umzusetzen vermochten. Gegenwärtig zollt die Kunstgeschichte der veritablen Interpretin diese Genres den entsprechenden Respekt.
Lotte Lasersteins lebenslange „beste Freundin"[7] und Muse ist aus der Berliner Schaffensperiode der Künstlerin nicht wegzudenken. Traute Rose besaß einen großen inspirierenden Einfluss auf Lotte Laserstein,

augenscheinlich in dem erwähnten *Ich und mein Modell*, aber ebenso in den weiteren Doppelporträts. Diese symbolisieren nicht allein jene „klassische Maler-Muse-Darstellung", sondern eben auch eine „selbstbewußte Inszenierung eines modernen Frauenpaares. Was lediglich wie die schlichte Repetition einer Traditionsformel wirken könnte, wird zu einer aktuellen Aussage geführt, die sich über normative Geschlechterrollenvorstellungen hinwegsetzt."[8]

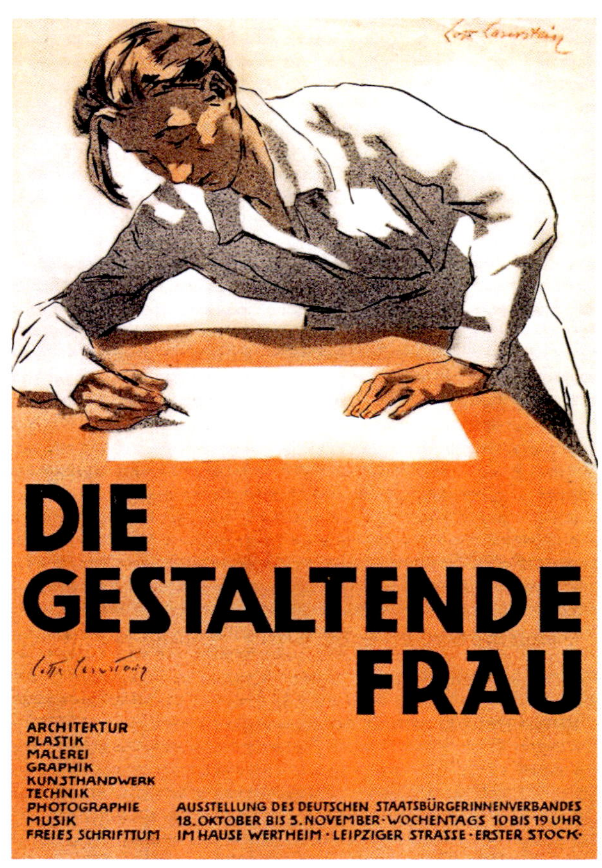

Plakatentwurf zur Ausstellung „Die gestaltende Frau“ (1930)

Die „Neue Frau“ Lotte Lasersteins künstlerische Referenz

Am 29. November 1929 resümiert das Berliner *8-Uhr-Abendblatt:* „Lotte Laserstein – diesen Namen wird man sich merken müssen. Die Künstlerin gehört zu den allerbesten der jüngeren Generation. Ihr glanzvoller Aufstieg wird zu verfolgen bleiben.“[9] Eine durchaus gerechtfertigte Prognose, die auch Wolfgang Gurlitt unterstrich, als er Ende 1931 die damals 33-jährige Künstlerin mit ihrer ersten Einzelausstellung in der Galerie Gurlitt in der Matthäikirchstraße 27 der Öffentlichkeit präsentierte. Zwei Jahre zuvor verwies der oben zitierte Bericht auf Laserstein Beteiligung an der Ausstellung „Die Frau von heute“, die der *Verein der Berliner Künstlerinnen* initiiert hatte, deren Mitglied sie seit 1929 war. Einer breiteren Öffentlichkeit bekannt wurde die junge Malerin 1928 durch ihr Porträt *Russisches Mädchen mit Puderdose*, das sie beim Wettbewerb für den „Georg-Schicht-Preis für das schönste deutsche Frauenportrait“ eingereicht hatte. Der *Reichsverband bildender Künstler* hatte diesen Preis in Kooperation mit der Elida AG, einem Unternehmen für Seifen und Parfümeriewaren, dessen Präsident Georg Schicht war, ausgelobt. Das *Russische Mädchen mit der Puderdose* gehörte zu den 26 Bildern, die aus den 365 Einreichungen ausgewählt wurden

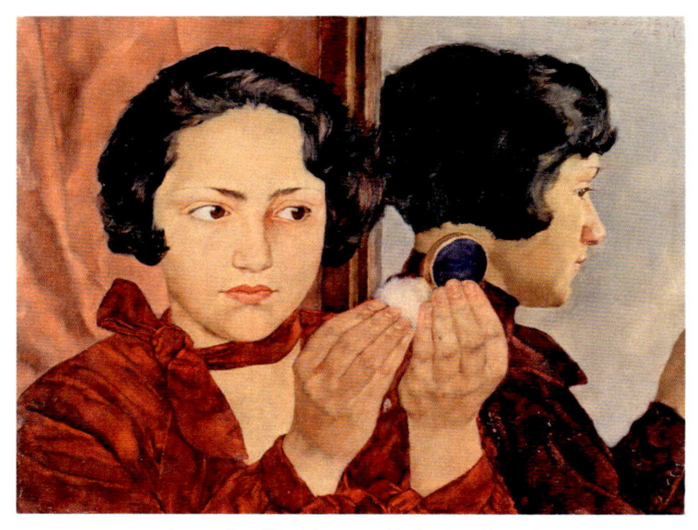

Russisches Mädchen mit Puderdose (1928)

und in der vielbeachteten Ausstellung in der Galerie Gurlitt in Berlin zu sehen waren. Die Ausstellung wanderte im Anschluss nach Düsseldorf, Karlsruhe, Frankfurt am Main, Mannheim, Stuttgart, München, Hof und Hamburg und gewann deutschlandweit viel Aufmerksamkeit.
Arbeiten wie dieses Porträt einer jungen Frau spiegeln unprätentiös, ja selbstverständlich Alltagswirklichkeit wider. Das Bild setzt einen Kontrapunkt zu jenen durch die Medien stilisierten „Traumfrauen“ und reflektiert vielmehr jene selbstbewusste Neue Frau der Weimarer Republik. Der Blick der jungen Frau mit Bubikopf-Frisur in den Spiegel der Puderdose – selbstkritisch ihr Konterfei betrachtend – reflektiert Selbstbewusstsein und Autonomie. Die Portraitierte nimmt eindeutig eine aktive Rolle ein. Dem Betrachter, der von außen die Szene beobachtet, offenbart sich ein aktives weibliches Handeln, das zudem einen gewissen Kosmopolitismus symbolisiert, denn es ist laut Malerin ein „russisches Mädchen“ das sich ganz selbstsicher (vermutlich) in Berlin bewegt. Ob die junge Frau sich für den Weg ins Büro, zum Rendezvous oder einem Treffen mit den Freundinnen zurechtmacht, bleibt offen und verweist einmal mehr auf die Autonomie der Protagonistin.
Ein Jahr zuvor vollendete Lotte Laserstein das bereits erwähnte Frauenporträt *Im Gasthaus.* In jener

Caféhausszene charakterisiert die Malerin einmal mehr jene emanzipierte Frau der 1920er Jahre, die ohne männliche Begleitung einkehrt und selbstbewusst den Raum erobert. Laserstein porträtierte in ganz besonderer Weise jene emanzipierten Großstadtbewohnerinnen mit einem der traditionellen Frauenrolle zuwiderlaufenden Selbstverständnis. Nunmehr selbst erwerbstätig, waren diese nicht mehr zwingend ökonomisch von einem Mann (ob Vater oder Gatte) abhängig. Sie kleideten sich modebewusst, waren konsumorientiert, artikulierten sich und ihre Interessen und setzten Letztere in die Tat um.

Neben Jeanne Mammen war Lotte Laserstein eine der wenigen Malerinnen, die diese Neue Frau auf die Leinwand brachten; jenen modernen, kosmopolitischen Frauentypus der Großstadt, so wie er zu jener Zeit in Paris, London und eben auch in Berlin im Straßenbild zu finden war. Aber im Gegensatz zu den Werken ihrer Kollegen, die die neusachliche Frau der späten Weimarer Zeit darstellten – man denke an Otto Dix' Portrait der *Schriftstellerin Sylvia von Harden* (1926) mit Monokel an einem Caféhaustisch sitzend, George Grosz' *Lotte in grünem Kleid* (1926) oder Christian Schads Portraits von Lola (1928), *Sonja* (1928) oder *Maika* (1929) –, fehlt Lasersteins Porträts jenes entfremdete Moment der Identitätssuche in einer anonymen Massengesellschaft beziehungsweise jenes überzeichnete, fast schon karikatureske Bild der emanzipierten Frau. In Lasersteins Bildern drücken sich vielmehr die Lebenslust, das Selbstbewusstsein und die Individualität der Porträtierten aus. Und im Gegensatz zu den Darstellungen ihrer Malerkollegen Dix, Grosz oder Schad haben Lasersteins Neue Frauen nichts Kapriziöses oder Frivoles.

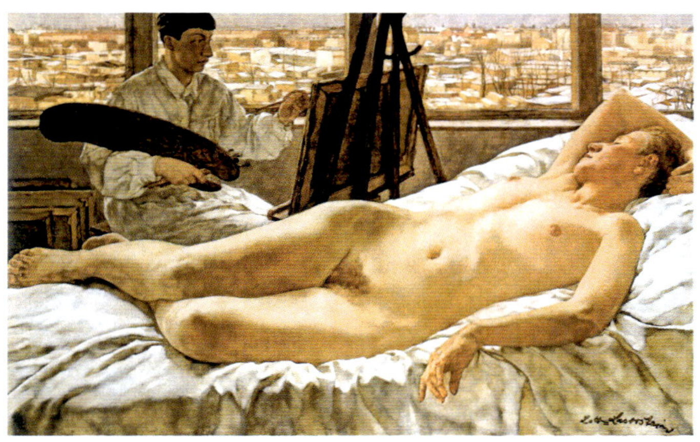

In meinem Atelier (1928)

„Neue Sachlichkeit“ oder sachlicher Realismus

Lotte Laserstein porträtierte Alltagsszenen jener Neuen Frauen, autonom, selbstsicher und eigenwillig – Frauen, die ohne männliche Begleitung agierten und selbstbewusst den Raum eroberten.
Lasersteins Frauenporträts zeigen eine Alltagswirklichkeit, das gleiche gilt für ihre Selbstporträts, nicht selten in Kombination mit ihrem Modell Traute Rose, ihrer engen Vertrauten. Bei der Betrachtung dieser Bilder lässt sich jener „neue“ Ausdruck der Malerei erkennen, der heute als „Neue Sachlichkeit“ bezeichnet wird.
In einem zeitgenössischen Artikel beschreibt der Kunstkritiker Wilhelm Michel 1926 jenen Stil folgendermaßen: „Die ‚Neue Sachlichkeit‘ ist kein Ruhepunkt, kein Ziel, sondern Etappe einer Wanderung.“ Diese Beschreibung trifft durchaus auch auf das Leben und das Werk der Malerin Lotte Laserstein zu, die sich selbst ebenso wenig als „Neue Sachliche“ wie als „Neue Frau“ verstanden hat, deren Bilder jedoch jenes Genre – wenn auch nicht in aller Konsequenz – repräsentieren: Das facettenreiche Arbeits- und Alltagsleben des Großstadtmenschen, dargestellt in einer „versachlichten“ ästhetischen Ausdrucksformung. Allerdings verzichtete Laserstein auf das

Karikaturenhafte und Sezierende, das den Werken vieler Malerkollegen der Neuen Sachlichkeit eigen war.

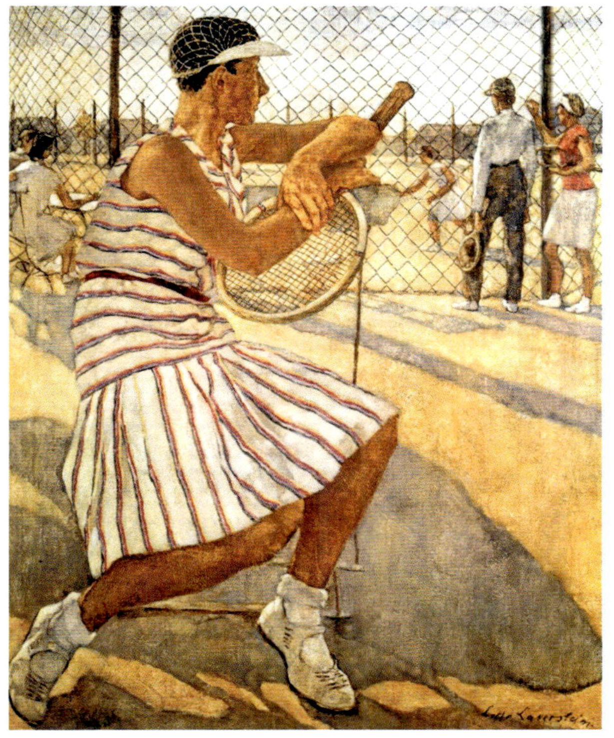

Tennisspielerin (1929)

„Abend über Potsdam“ Das Meisterwerk

Auf einer Fläche von gut ein mal zwei Metern verewigte Lotte Laserstein fünf Freunde, die ihr bei einem Ausflug nach Potsdam Modell standen. Zwei von ihnen waren Traute und ihr Mann Ernst Rose. Ihr „Lieblingsmodell“ Traute Rose berichtet später, dass „die sehr lange Holzplatte [...] mit der Berliner S-Bahn nach Potsdam transportiert [wurde], dann weiter mit der Pferdekutsche zum eigentlichen Bestimmungsort, zu Bekannten, die eine große Dachterrasse mit Blick über Potsdam hatten. Die Freunde kamen zusammen für die ersten Skizzen. Sie nahmen ihre Plätze ein, und es wurde bestimmt, wo und wie sie stehen sollten. Die Figuren wurden nur skizziert, weil erst der Hintergrund gemalt werden sollte. Nachdem das geschehen war, transportierte die Malerin die Holztafel zurück in ihr neues Atelier mit hohem Atelierfenster, wo sie die gleichen Lichtverhältnisse wie auf der Dachterrasse hatte. Nun begann die lange Arbeit mit den verschiedenen Modellen.“[10]

Lotte Laserstein malte das Bild 1930, aber darin manifestiert sich bereits die Wende in ihrem künstlerischen Schaffen. Es finden sich dort nicht mehr die selbstsicheren, tatkräftigen, heiteren Frauengestalten aus den vorherigen Jahren. Laserstein schuf dieses Gemälde zu einer Zeit, da die glorifizierten „Goldenen Zwanziger“ bereits verblasst waren, und Deutschland, Europa, ja die ganze Welt die bis dahin größte Wirtschaftskrise erlebte. In allen dem Betrachter zugewandten Gesichtern zeichnet sich eine spürbare Desillusionierung und Orientierungslosigkeit ab. Eine Zitation des ‚Letzten Abendmahls‘ ist unverkennbar und offensichtlich gewollt. Die Christusfigur wird hier allerdings von einer Frau symbolisiert, die madonnenhaft die Bildmitte bestimmt. In diesem Werk manifestiert sich bereits Lasersteins Reaktion auf die veränderte Lebenswirklichkeit. Die Aufbruchsstimmung der ersten Hälfte der Weimarer Republik weicht einer Suche nach Halt und Harmonie. Als Reaktion auf die als bedrohlich erfahrene Realität sucht die Gesellschaft – insbesondere die Jugend – nach Flucht-, aber auch Ankerpunkten. Allerdings trügt die vermeintliche Idylle der Abendstimmung. „Der *Abend über Potsdam* ist kein Bild versonnener Innerlichkeit“, so betont es Anna-Carola Krausse, „sondern eine grüblerische Innenschau, ein beinahe schon in Lethargie verfallenes Innehalten.“[11]

Man kann in *Abend über Potsdam* durchaus etwas Vorausschauendes erkennen. Als Lotte Laserstein 1937 dieses neben weiteren 57 Werken in einer Ausstellung in Stockholm präsentierte, schrieb ein Kritiker: „Die Stimmung, die aus dem zur Zeit in der Galerie

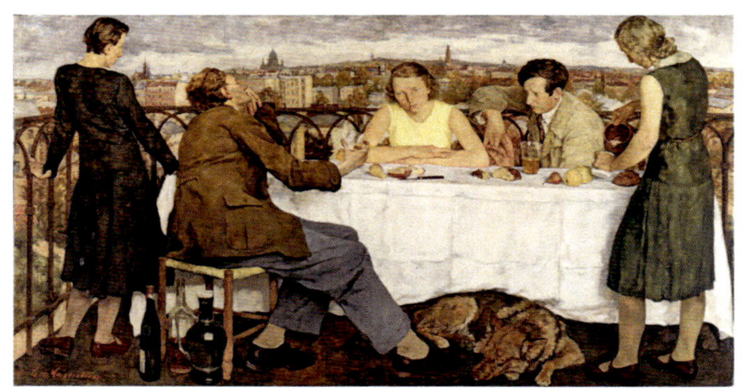

Abend über Potsdam (1930)

Moderne gezeigten Werk der deutschen Malerin Lotte Lazerstein [sic] spricht, ist [...] eine stille Resignation. Es liegt etwas von der Stimmungsmelancholie der Jahrhundertwende in ihren Bildern, eine Melancholie, die durch die Ereignisse der letzten Jahre vielleicht noch verstärkt wurde."[12] Ein anderer Rezensent empfand den *Abend über Potsdam* als ebenso bedrückend wie „sorgenschwer". Interessanterweise hatte Lotte Laserstein dieses Werk in der Stockholmer Ausstellung unter dem Titel „Mina Vänner" (zu Deutsch: Meine Freunde) ausgestellt, was durchaus als Reminiszenz an das in Deutschland Zurückgelassene gedeutet werden kann.

Am linken Bildrand von *Abend über Potsdam* hatte Laserstein ihre wichtigste Vertraute und lebenslange Freundin Traute Rose platziert. Das Bild hing bis zum Tode der Malerin über ihrem Bett im schwedischen Kalmar, anschließend fand es bis 2010 Platz in einem schottischen Schloss und wurde dann von der Neuen Nationalgalerie Berlin erworben, wo es nach dem langjährigen Umbau heute als eines der Highlights der Sammlung ausgestellt wird.

Zu Recht wird dieses Bild wird heute als Lasersteins Meisterwerk angesehen. Aber abgesehen davon steht es als Symbol für Identitätssuche, Zerrissenheit und Exilerfahrung und gilt damit als Schlüsselwerk für die verfemte Kunst während des Nationalsozialismus.

In diesem Werk manifestiert sich bereits Lasersteins Reaktion auf ihre veränderte Lebenswirklichkeit. Wüssten wir es heute nicht besser, da wir aus der Retrospektive die Ereignisse, die folgten, betrachten, hat das Bild visionäre Züge, denn es nimmt die Ereignisse, die folgten, gleichsam vorweg. Hieß es noch 1929 im bereits zitierten Berliner *8-Uhr-Abendblatt*: „Lotte Laserstein – diesen Namen wird man sich merken müssen. Die Künstlerin gehört zu den allerbesten der jüngeren Generation. Ihr glanzvoller Aufstieg wird zu verfolgen bleiben",[13] verliert sie nach 1933 in Deutschland jegliche künstlerische Anerkennung.

„Schweden ist schön, aber …“ Repressionen und Exil

Lotte Laserstein bekam die Veränderungen, die mit der Machtübernahme der Nationalsozialisten einhergingen, unmittelbar zu spüren. Nach Maßgabe der „Nürnberger Gesetze“ wurde sie trotz protestantischer Taufe zur „Dreivierteljüdin“ erklärt und erhielt bereits ab 1934 Ausstellungsverbot. Ihre seit 1929 bestehende Mitgliedschaft im Vorstand des *Vereins der Berliner Künstlerinnen* wurde ihr gekündigt, und aufgrund ihrer Nichtmitgliedschaft in der Reichskulturkammer hatte sie keinen Anspruch auf den Erwerb von Künstlerbedarf wie Pinsel, Leinwand oder Ölfarbe. Ihre seit 1927 betriebene private Malschule, zunächst in ihrem Berliner Atelier in der Friedrichsruher, dann in der Nachod- und schließlich in der Jenaer Straße, musste sie 1935 aufgeben.

Um den Broterwerb und die künstlerische Anerkennung gebracht, blieb ihr als einziger Ausweg die Emigration. Die Chance dazu erhielt sie 1937 durch die erwähnte Ausstellung im Dezember in Stockholm. Sie nutzte die Einladung samt befristetem Einreisevisum, um Deutschland endgültig zu verlassen.

1937 erhielt sie dann die Möglichkeit, auf Einladung der Galerie Moderne in Stockholm auszustellen. Neben dem *Abend über Potsdam* waren dort weitere

57 Werke zu sehen. Auch den damaligen Stockholmer Betrachtern fiel die starke Bildsprache insbesondere von *Abend über Potsdam* auf.
Die Emigration Lotte Lasersteins und der damit einhergehende Verlust von Traute Rose als Modell, aber auch als Muse, wirkten sich durchaus auf das künstlerische Schaffen aus. In einem Brief nach Kriegsende schreibt Lotte Laserstein an die in Deutschland gebliebene Vertraute: „Ich habe das Gefühl, daß das Leben vorbei ist, das, was ich Leben nenne. Ich bin nicht mehr neugierig auf das, was noch kommen könnte."[14]
Der Kontakt zu Traute Rose, die Konversation mit ihrem „Lieblingsmodell" brach nie ab. Immer wieder bestärkten sie sich in den Briefen, die zwischen Schweden und Deutschland ausgetauscht wurden: „Ja, mein Hundchen, wir wollen trotz allem, versuchen to make the best of it."[15] Lotte Laserstein nannte ihre Freundin zeitlebens beim Kosenamen „Hundchen". Diese Bezeichnung war keineswegs despektierlich gemeint, vielmehr zeugt diese Nennung von dem wechselseitigen Abhängigkeitsverhältnis und der tiefen Treue auch über die räumliche Trennung hinweg.
In einem der ersten Briefe nach dem Krieg reflektierte Lotte Laserstein ihr Emigrantinnenleben im Exil: „Schweden ist schön, [...] die Menschen freundlich, aber bei allem Mitgefühl doch unberührt. Niemand

kann es voll mitfühlen und selbst ich, was weiß ich! So bleibt hier bei aller Freundschaft und allen herzlichen Beziehungen immer eine Kluft. Aber dieselbe Kluft wird mich trennen – und noch weiter – von denen, die es dort [in Deutschland] erlebt haben. Das ist das Schicksal von uns Emigranten."[16]

Der Neuanfang im schwedischen Exil war schwer. Die Bemühungen, ihre Mutter und Schwester zu sich zu holen, scheiterten. Zudem drohte Lotte Laserstein Ende der 1930er Jahre nach mehreren befristeten Touristenvisa die Ausweisung.

Obwohl sie sich mit ihrem von außen aufoktroyierten „Jüdischsein" schwer tat, sich weder mit einem jüdischen Erbe auseinandersetzen wollte noch in den Zeiten der wachsenden Diskriminierung die Nähe zur Jüdischen Gemeinde suchte, nahm sie 1938 Kontakt zum Jüdischen Hilfskomitee in Stockholm auf, das in der Gemeinde angesiedelt war. Dieser für sie sicherlich nicht leichte Schritt sollte sich jedoch in doppelter Hinsicht als lebensrettend erweisen. Zum einen erhielt sie durch Vermittlung des Jüdischen Hilfskomitees Malaufträge.

In einem Brief an Traute Rose berichtet sie dazu rückblickend: „Die ganzen Jahre habe ich vom Porträtmalen gelebt. Das ist nicht immer leichtes Brot [...], aber es macht mir ja immer wieder Freude. Und ich habe ja das unverdiente Glück gehabt, nicht nur gerettet zu sein, sondern in meiner Arbeit fortfahren zu können. Nicht in der ruhigen Intensität wie damals in unserer Zeit. Aber doch."[17]

In jenen Jahren fertigte sie neben Auftragsarbeiten auch eine Reihe von Porträts von Freunden und Bekannten an, die ebenso in Schweden im Exil lebten, beispielsweise von dem Berliner Juristen Walter Lindenthal (1886–1975), dem aus Breslau stammenden Dirigenten und Komponisten Otto Klemperer (1885–1973) und dem Leipziger Bildhauer Walther Beyer (1902–1960). Lindenthal wurde einer ihrer engsten Vertrauten in Schweden. Ihn porträtierte Laserstein erstmals 1941, betitelte das Werk jedoch nicht mit seinem Namen, sondern *Der Emigrant*, wodurch es zu einer exemplarischen Darstellung des Schicksals der vielen aus Deutschland Geflohenen wird. Lindenthal, der für den Berliner Magistrat tätig gewesen war, fand in Stockholm eine Anstellung als Bibliothekar und Übersetzer. Die dunkle Farbgestaltung des Bildes und der regungslose Gesichtsausdruck des Porträtierten deuten auf die schwierige, zuweilen resignierte Verfassung vieler Schicksalsgenossen, die heimatlos und in prekärer wirtschaftlicher und existenzieller Lage auf das Wohlwollen der Aufnahmeländer angewiesen waren.

Laserstein kannte dieses Gefühl nur zu gut. Der Gang zur Ausländerbehörde, um das Visum verlängern zu lassen, wurde für sie stets zur Zitterpartie. Doch erneut half ihr die Jüdische Gemeinde in Stockholm.

Dank einer Vermittlung durch die *Mosaiska Församlingen*, die Jüdische Gemeinde in Stockholm, konnte Lotte Laserstein pro forma eine Ehe schließen. Für diese Heirat hatte sich der damals schon schwerkranke Kaufmann Sven Marcus (1876–1940) zur Verfügung gestellt, der allein auf einer Schweden vorgelagerten Insel lebte. Dieser, so berichtet Rosel Loewald, eine Freundin Lasersteins, später, „kam dann eines Tages in die Stadt, und die beiden heirateten. Er kam mit einem kleinen Blumenstrauß und die beiden wurden irgendwo getraut. Er fuhr zurück auf seine Insel und die beiden sahen sich nie wieder.“[18]

Durch diesen formalen Akt erhielt Lotte Laserstein die schwedische Staatsbürgerschaft und musste als „svensk medborgare“ (schwedische Staatsbürgerin) nicht mehr alle drei bis sechs Monate bei den schwedischen Behörden zwecks Verlängerung der Aufenthaltsgenehmigung vorstellig werden. Zudem war sie als „tyskfödd svenska“ (deutschstämmige Schwedin) auch nicht mehr der zunehmenden Immigrantenfeindlichkeit und dem latenten Antisemitismus in ihrer Umgebung ausgesetzt. Denn als Ehefrau eines Schweden – wenn auch nur zum Schein – und mit dem schwedischen Pass als „Einländerin“ legitimiert, verlor sie den vormaligen Status einer Bittstellerin, die

nicht selten aufgrund ihrer Zuschreibung als jüdischer Flüchtling missliebig beäugt wurde.
Mit der eigenen Rettung durch die neue formale Identität als Schwedin, die eine Ausweisung oder mögliche Deportation unmöglich machte, gingen aber auch große Schuldgefühle einher, die sich noch mehrten, nachdem Lotte Laserstein erfuhr, dass ihre Mutter 1943 im KZ Ravensbrück ums Leben gekommen war und ihre Schwester Käte zwar in einem Versteck in Berlin überlebte hatte, aber stark traumatisiert war.
Im Nachlass von Lotte Laserstein, der in der Berlinischen Galerie aufbewahrt wird, finden sich mehrere Schriftstücke, die ihre vergeblichen Versuche dokumentieren, Mutter und Schwester rechtzeitig aus Deutschland herauszuholen.
Die Nachkriegsbriefe an die Freundin dokumentieren jene Mutlosigkeit und Niedergeschlagenheit, die die Künstlerin im Exil lange Zeit begleiteten: „Was mich nicht losläßt, ist ja nicht der Weggang [der Tod] an sich, sondern das traurige Allein- und Verlassensein, besonders bei der Mulli [der Mutter], all das schreckliche ihrer letzten Monate und die Sinnlosigkeit, die auf mein Leben übergreift. Glücklich die, die an eine Vorsehung glauben können. Sein Leben anständig zuende leben [...] das ist alles.“[19]
Im schwedischen Exils schien Lotte Laserstein jedoch eine neue Wirkungsstätte gefunden zu haben.

Ansökan
till Kungl. Utrikesdepartementet
om inresetillstånd för utlänning

FRÅGEFORMULÄR.

Questionnaire concernant les personnes qui désirent se rendre en Suède.	Fragebogen betreffend Personen, die beabsichtigen nach Schweden zu reisen.	**Form** to be filled in for persons intending to visit Sweden.

Fråga: Question: Frage: Question:	*Svar: Réponse: Antwort: Answer:*
1. **Tillnamn?** Nom de famille? Familienname? Surname?	1. Laserstein
2. **Samtliga förnamn?** Tous les prénoms? Sämtliche Vornamen? Christian names in full?	2. Käthe Rosalie Ida
3. **Yrke (titel)?** Profession (Qualité)? Beruf (Titel)? Profession (title)?	3. Dr. phil., f. d. Studienassessor (motsv. e. o. adjunkt) ogift
4. **Födelsedatum?** Date de naissance? Geboren am? Date of birth?	4. 27. 5. 1900
5. **Födelseort?** Lieu de naissance? Geburtsort? Place of birth?	5. Preussisch Holland / Tyskland
6. **Nuvarande hemort? Sedan när?** Domicile actuel? Depuis quand? Jetztiger Wohnort? Seit wann? Present domicile? Since when?	6. Berlin-Steglitz, Immenweg 7 sedan 1912
7. **Nationalitet? (Eventuell förändring av nationalitet torde angivas).** Nationalité? (Tout changement de nationalité doit être indiqué.) Nationalität? (Jede Veränderung derselben dürfte angegeben werden.) Nationality? (Any change of nationality should be indicated.)	7. Tysk
8. **Trosbekännelse?** Religion? Glaubensbekenntnis? Religion?	8. Evangelisk
9. **Folkras?** Race? Rasse? Race?	9. Pass kommer att sökas
10. **Vilken myndighet har utfärdat passet? Dettas nummer, datum och giltighetstid?** Quelle autorité a délivré le passeport? Numéro, date de délivrance et durée de validité du passeport? Welche Behörde hat den Pass ausgestellt? Nummer, Datum und Dauer der Gültigkeit des Passes? Which authority has issued the passport? Number, date of issue and term of validity of same?	10. Judisk
11. **Vilka giltiga viseringar finnas införda i passet?** Visas actuellement valables, dont le passeport est muni? Welche gültigen Visa sind in den Pass eingestempelt? Which valid visas are inserted in the passport?	11.

Fragebogen der schwedischen Behörden, den Lotte Laserstein für ihre Schwester Käte ausgefüllt hat. Als Religion wurde „evangelisch" angegeben, unter der Rubrik „Rasse" (Punkt 9, hier versehentlich in der Zeile von Punkt 19 eingetragen) stand – wie gefordert – „judisk" (jüdisch).

Ihr erstes Selbstporträt im Exil entstand kurz nach ihrer Einbürgerung. Während das sieben Jahre zuvor entstandene Doppelporträt *Vor dem Spiegel* das Selbstbewusstsein des Modells (Rose) und der Künstlerin (Laserstein) dokumentiert, erscheint *Vor der Staffelei* (1938) als eine selbstreferenzielle Erkundung der neuen Lage. Der Blick in den Spiegel der sich selbst Porträtierenden geht einher mit dem direkten Blickkontakt der Künstlerin mit dem das Bild betrachtenden Gegenüber. Die Suche nach der eigenen Identität im Exil und die Suche nach Anerkennung als Künstlerin in einer fremden Umgebung scheinen sich in dem Blick – in das Spiegelbild wie in das fremde Gegenüber – zu vereinen. Die konturlose Wand im Bildhintergrund mag für die anonyme Umgebung stehen, in der sich die Emigrantin befindet. Der offene Kittel, den sie trägt, verweist auf ihren Beruf als Malerin, die darunter sichtbare figurbetonte Kleidung auf ihre selbstbewusste Weiblichkeit. Bei der Betrachtung des Werkes fällt auf, dass die den Pinsel führende Hand, losgelöst vom Körper, für sich allein steht: Die Gestaltende nimmt selbst Gestalt an, als Frau, aber mehr noch als Künstlerin. Der Blick in den Spiegel, der gleichzeitig den Betrachter in ein stummes Zwiegespräch verwickelt, kommt einer Selbstvergewisserung gleich. Die Zweifel an ihrer künstlerischen Schaffenskraft während des Exils haben sich dem höheren Ziel

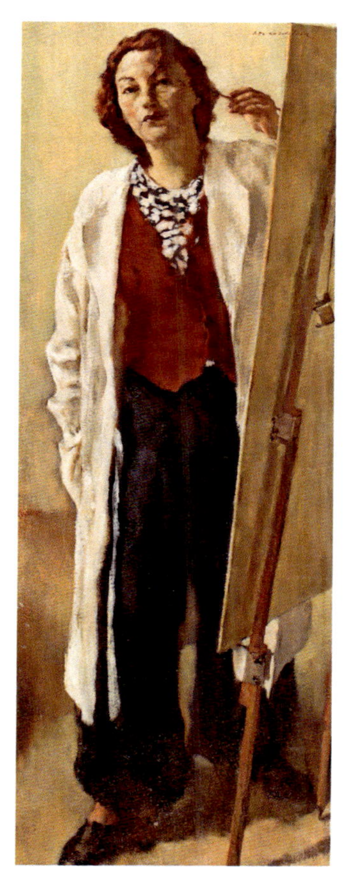

Selbstbildnis an der Staffelei (1938)

unterzuordnen, denn trotz aller Widrigkeiten muss sie ihrer Lebensaufgabe gerecht werden und der Kunst ihr Leben widmen, so wie sie es bereits als junges Mädchen geschworen hatte.

„… das Traumbild am Horizont …“ Schweden wird zur zweiten Heimat

Konnte sich Lotte Laserstein in den ersten Jahren des Exils durch Porträtmalerei über Wasser halten, wurde die Auftragslage in Stockholm immer schwieriger. Ihre Schwester Käte, die nach dem Krieg nach Schweden gekommen war, wollte zurück nach Deutschland. Aber Lotte Laserstein haderte. Zurück nach Berlin? Nein! Die Stadt war nicht mehr die, die sie 1937 hatte verlassen müssen. 1951 war die Malerin widerwillig nach Berlin gereist, um einen Antrag auf Entschädigung zu stellen. In einem Brief an Traute Rose heißt es über diese Reise: „Der Eindruck von Berlin war niederschmetternd.“[20] Ihre Heimatstadt glich nach Lasersteins Empfindung einer „Goldgräberstadt“, die ihr Gesicht verändert hatte. Lediglich die einstige Wirkungsstätte schien unverändert: „Nur die Akademie steht in alter Pracht“, notierte die ihrer Heimatstadt entfremdete Malerin auf einer Postkarte.[21]
Nachdem Käte Laserstein 1954 nach Deutschland zurückgekehrt war, wagte die Schwester einen Neuanfang in der Provinz. Die Malerin, die zwei Jahre zuvor den Auftrag erhalten hatte, den Ministerpräsidenten von Småland, Ruben Wagnsson, zu porträtieren, fand dadurch im südschwedischen Kalmar endlich wieder die lang ersehnte Anerkennung als Künstlerin. „Habe

eine Lust zu arbeiten, wie lange nicht mehr", schrieb sie euphorisch an Traute Rose. In der Kunstmetropole Stockholm glaubte Laserstein zunehmend den künstlerischen Anschluss zu verpassen, in Kalmar hingegen wurde sie als Malerin gefeiert und erhielt große Aufmerksamkeit. Ende der 1950er Jahre verlagerte sie dann endgültig ihren Wohnsitz nach Südschweden und erwarb ein Sommerhaus auf Öland. Neben zahlreichen Auftragsarbeiten für Porträts fand sie dort Muße und Leidenschaft für die Landschaftsmalerei. „Kalmar [... ist] ein Glück für mich, pekuniär und auch sonst",[22] heißt es in einem Brief vom März 1960.

Allerdings sollte die Glückssträhne nicht lange währen. Nach einigen erfolgreichen Jahren drehte sich auch in der Provinz der Wind und das Interesse an einer sachlich realistischen Porträtmalerei wich der zunehmenden Dominanz einer abstrakten Moderne. Frustriert schrieb Laserstein an die Vertraute in Deutschland: „Alle Ausstellungen kotzen mich an; ich gehe zu keiner mehr. Und dazu dieser Verein zur gegenseitigen Bewunderung falls man hier geboren ist."[23] Da ist es wieder – das Gefühl, nicht dazuzugehören, weder künstlerisch noch gesellschaftlich. Die mangelnde Anerkennung als Künstlerin und das Sich-ausgeschlossen-Fühlen als nicht „hier geboren" nagten an ihrem Selbstvertrauen. Bereits wenige

Wochen zuvor hatte sie frustriert an Traute Rose geschrieben: „Es ist einem ja schon ziemlich alles gleich, aber man muß leben und dazu – verkaufen.“[24]

Lotte Laserstein schlug sich noch immer mit den deutschen Entschädigungsbehörden herum, denn sie hoffte, sowohl aufgrund ihres Berufsverbotes während der NS-Zeit als auch für die Enteignung des elterlichen Mietshauses in Bad Nauheim eine Wiedergutmachung zu erhalten. „Sollte ich wirklich mal eine Berufsentschädigung bekommen“, heißt es in dem Brief weiter, dann werde sie endlich wieder selbstbestimmt und kreativ arbeiten können und „die Gören [malen] wie *ich* will. Vorläufig habe ich das Traumbild am Horizont noch nicht ganz verloren.“[25] Ihr künstlerisches Interesse an Landschaften, Stillleben und Kinderporträts in ihrem ganz eigenen Stil musste sie so lange einschränken, wie sie ihre Kunst als „Broterwerb“ zu Markte tragen musste.

Das Blatt wendete sich glücklicherweise Mitte der 1960er Jahre. Nach jahrelangen Auseinandersetzungen mit der bundesdeutschen Bürokratie wurde ihr schließlich eine Rente bewilligt – da war sie bereits über 70 Jahre alt. Mit einem nun festen monatlichen Grundeinkommen und einer Erbschaft von ihrer Schwester Käte, die 1965 starb, war sie erstmals finanziell unabhängig und entlastet vom bisherigen, wie sie es nannte, „Arbeiten fürs Lebensbrot“.

„Grand Old Lady der Malerei“ Der späte Ruhm

Nachdem die Nachkriegskunst stark von der abstrakten Malerei bestimmt war, gab es Ende der 1960er Jahre eine Rückbesinnung auf die gegenständliche Kunst. Ihren eigenen Werdegang reflektierend blickte Lotte Laserstein erstmals wieder optimistisch auf ihr künstlerisches Werk. In einem Brief von Ende November 1968 heißt es: „Ich muß oft an den Meister [ihren akademischen Lehrer Erich Wolfsfeld, Anm. d. Verf.] denken: ‚Mit Ihrem Talent und meinem Unterricht müßten Sie weit kommen.‘ Ich bin nicht weit gekommen. Die Zeit war dagegen und mein Charakter nicht stark und hart genug. Aber *so* ins Moderne mich verwandeln [...], das hätte ich weder gewollt noch gekonnt. Ich bin sicher, es wird etwas Neues kommen, und ich hoffe, aus den Wurzeln des Alten und [unter] völliger Nichtbetrachtung des sogenannten Heutigen. Daran sollte man noch mitarbeiten dürfen.“[26] Und zum Jahresende 1968 orakelte sie: „Na warten wir ein bißchen. Nun glaube ich tatsächlich, daß bald ein linder Morgenwind weht.“

Sie sollte recht behalten. Nachdem sie in den letzten Jahren kaum zu Ausstellungen eingeladen wurde, mehrten sich die Angebote zu Einzel- und Gruppenausstellungen. Zwischen 1969 und ihrem Todesjahr

1993 war sie fast in jedem Jahr mit mindestens einer öffentlichen Präsentation ihrer Werke in Kalmar und darüber hinaus vertreten. Ein Journalist verlieh ihr den Ehrentitel „Grand Old Lady der Malerei", eine Bezeichnung, die sie mit Wohlwollen akzeptierte, ganz im Gegensatz zu vielen anderen Kommentaren. So bemerkte sie einmal im Jahr 1980, da war sie bereits über 80 Jahre alt, dass sich manche Kritiker weniger für ihre Kunst als vielmehr für ihr Alter zu interessieren schienen: „Als ob Tizian nicht fast 100 geworden wäre."[27]

Internationale Aufmerksamkeit erhielt sie noch zu Lebzeiten eher durch einen Zufall. In London, jener Stadt, in die Erich Wolfsfeld ins Exil gegangen war, sollte 1987 eine Ausstellung zu seinem Lebenswerk vorbereitet werden. Aus diesem Grunde besuchte die damalige Kuratorin Caroline Gee (damals noch Caroline Stroude) die einstige Berliner Meisterschülerin von Wolfsfeld in Schweden, um sie über ihren Lehrer zu befragen. Als die Kuratorin in der Wohnung Lasersteins deren eigene Werke sah (vornehmlich die aus den 1920er und frühen 1930er Jahren), war sie derart elektrisiert, dass sie Laserstein unmittelbar zusagte, auch für sie eine Ausstellung in London auszurichten. Es kam dann 1987 zu zwei Ausstellung mit den Werken von Erich Wolfsfeld und Lotte Laserstein und damit einer ersten Werkschau von Bildern des Meisters und dessen Meisterschülerin in der Agnew's und The Belgrave Gallery in London. Lotte Laserstein wohnte mit ihrer Freundin Traute Rose der Ausstellungseröffnung von „Lotte Laserstein. Paintings and Drawings from Germany and Sweden, 1920–1970“ bei. Diese Präsentation ihrer Bilder aus der Schaffensperiode zwischen ihrem 22. und 72. Lebensjahr führte zum internationalen Durchbruch und einer glanzvollen Wiederentdeckung dieser einzigartigen Künstlerin. Lotte Laserstein bemerkte dazu süffisant: „‚Zu spät …‘. Aber sie lachte dabei.“[28]

„Zu spät …“
Epilog

Lotte Lasersein starb 1993 im Alter von 94 Jahren in ihrer Wahlheimat Kalmar, ohne dass sie wieder nach Deutschland zurückgekehrt war. Viele ihrer Werke befinden sich noch immer in Privatbesitz, vornehmlich in Schweden und Großbritannien. Das Stadtmuseum Berlin, in dem 2003 die erste Laserstein-Ausstellung in Deutschland seit 1934 (öffentlich) beziehungsweise 1935 (privat) stattfand, kaufte Lasersteins *Selbstporträt vor der Staffelei* von 1938 (vermutlich das erste im Exil entstandene Selbstporträt) an. Allerdings fand bereits 1971 erstmals ein Bild von Lotte Laserstein Einzug in ein deutsches Museum. Es handelt sich dabei um eine Porträtstudie des befreundeten Dirigenten Otto Klemperer, die Laserstein 1947 in beider Exil in Schweden angefertigt hatte. Die Malerin schenkte das Werk der Stadt Berlin, es befindet sich heute in der Sammlung des Jüdischen Museums. Der *Abend über Potsdam* kehrte 2010 nach Berlin zurück und hängt seither in der Neuen Nationalgalerie am Potsdamer Platz. Bis zu Lasersteins Tod hing dieses Bild über ihrem Bett im Kalmar, damit waren ihr ihre Freunde, die sie 1937 verlassen musste und erst nach dem Krieg wiedersah, in erster Linie Traute Rose, stets nahe. Das *Russische Mädchen mit der Puderdose* hängt seit 2014 im Städel Museum in Frankfurt am Main. Das Gemälde *Ich und mein Modell*, das in einzigartiger Weise diese besondere Beziehung zwischen Lotte Laserstein und Traute Rose zum Ausdruck bringt, befindet sich noch immer in Privatbesitz in Großbritannien.

Der *Abend über Potsdam* stellt, wie erwähnt, aus heutiger Sicht ihr Meisterwerk dar, allerdings symbolisiert es auch eine künstlerische Wende. Wie hieß es doch eingangs: „Die ‚Neue Sachlichkeit' ist kein Ruhepunkt, kein Ziel, sondern Etappe einer Wanderung." Diese Wanderung führte Laserstein sowohl schöpferisch als auch geografisch weit weg von der Weimarer Zeit, in der sie den Höhepunkt ihrer künstlerischen Schaffenskraft hatte. Mag die Wanderung so manche Etappen in ihrem 94-jährigen Leben genommen haben – es war ein glücklicher Umstand, dass ein Teil ihres Werks nach Deutschland zurückgekehrt ist und seit einigen Jahren eine enthusiastische Wiederentdeckung feiert.

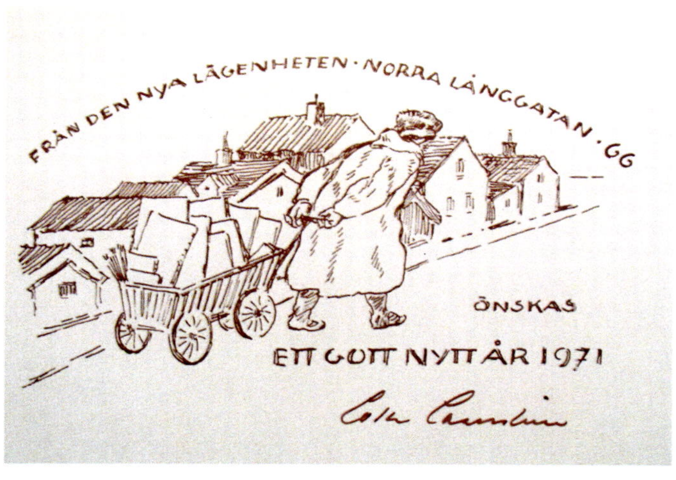

Von Lotte Laserstein verschickte selbstgestaltete Neujahrsgrüße aus dem Jahr 1971. Nach Jahren des Exils hatte die verfemte Künstlerin in Schweden eine zweite Heimat gefunden.

Anmerkungen

1 Lotte Laserstein im Gespräch mit John Russell Taylor, in: *The Times*, 7.12.1990, zitiert nach: Anna-Carola Krausse: Lotte Laserstein. Meine einzige Wirklichkeit. Berlin 2003, S. 33.
2 Zitiert nach ebenda, S. 39, Fn 18.
3 Traute Rose, unveröffentlichtes Manuskript, zitiert nach Anna-Carola Krausse: Lotte Laserstein. Leben und Werk, Berlin 2006, S. 67f.
4 Ebenda, S. 99.
5 Krausse, Meine einzige Wirklichkeit, wie Anm. 1, S. 77.
6 Dieselbe, Leben und Werk, wie Anm. 3, S. 145.
7 Lotte Laserstein in einem Brief an Enno Thiermann vom 18. Februar 1991, zitiert nach Krausse, Leben und Werk, wie Anm. 3, S. 67.
8 Krausse, Meine einzige Wirklichkeit, wie Anm. 1, S. 119.
9 I. F.: Kunst und Mode, in: *8-Uhr-Abendblatt*, 29.11.1929.
10 Krausse, Leben und Werk, wie Anm. 3, S. 155.
11 Dieselbe, Meine einzige Wirklichkeit, wie Anm. 1, S. 169.
12 Ebenda, S. 217.
13 Wie Anm. 9.
14 Brief an Traute Rose vom 2. Dezember 1946. Nachlass Lotte Laserstein. Berlinische Galerie [im Folgenden NLL].
15 Undatierter Brief [laut Anna-Carola Krausse vor dem 5. März 1947], zitiert nach Krausse, Leben und Werk, wie Anm. 3, S. 225, Fn 731.
16 Brief an Traute Rose, vom 29. Juni 1946; NLL.
17 Brief an Traute Rose vom 14. Mai 1946; NLL.
18 Zitiert nach Krausse, Meine einzige Wirklichkeit, wie Anm. 1, S. 331, Fn 377.
19 Brief an Traute Rose vom 28. August 1947; NLL.

20 Brief an Traute Rose vom 23. November 1951; NLL.

21 Postkarte ohne Datum [November 1951]; zitiert nach Anna-Carola Krausse, Leben und Werk, wie Anm. 3, S. 305, Fn 993.

22 Brief an Traute Rose vom 31. März 1960; NLL.

23 Brief an Traute Rose vom 7. Februar 1961; NLL.

24 Brief an Traute Rose vom 27. November 1961; NLL.

25 Ebenda.

26 Brief an Traute Rose vom 30. November 1968.

27 Brief an Traute Rose vom 7. November 1980.

28 Zitiert nach Krausse, Leben und Werk, wie Anm. 3, S. 324, Fn 1080.

Bildnachweis

S. 9 © Lotte Laserstein Archiv, Berlinische Galerie
S. 11 © Lotte Laserstein Archiv, Berlinische Galerie
S. 14 © Walter Beyer
S. 16 © Lotte Laserstein Archiv Krausse, Berlin
S. 19 © Städel Museum, Frankfurt a. M.
S. 22 © Berlinische Galerie
S. 24 © Städel Museum, Frankfurt a. M.
S. 27 © Michal und Renata Hornstein, Kanada
S. 29 © Privatbesitz, Großbritannien
S. 32 © Neue Nationalgalerie Berlin
S. 41 © Lotte Laserstein Archiv, Berlinische Galerie
S. 43 © Stadtmuseum Berlin
S. 53 © Lotte Laserstein Archiv, Berlinische Galerie

Über die Autorin

Elke-Vera Kotowski

geboren 1961, Chefkuratorin der Moses Mendelssohn Stiftung, Berlin, und Dozentin an der Universität Potsdam (Geschichte, Jüdische Studien, Kultur und Medien), forscht und lehrt zur Erinnerungs- und Gedenkkultur, insbesondere zum deutsch-jüdischen Kulturerbe im In- und Ausland. Zahlreiche Veröffentlichungen. Bei Hentrich & Hentrich sind u. a. von ihr erschienen: *Gabriele Tergit. Großstadtchronistin der Weimarer Republik* (Jüdische Miniaturen Bd. 203), *Valeska Gert. Ein Leben in Tanz, Film und Kabarett* (Jüdische Miniaturen Bd. 123).

Ebenfalls bei Hentrich & Hentrich

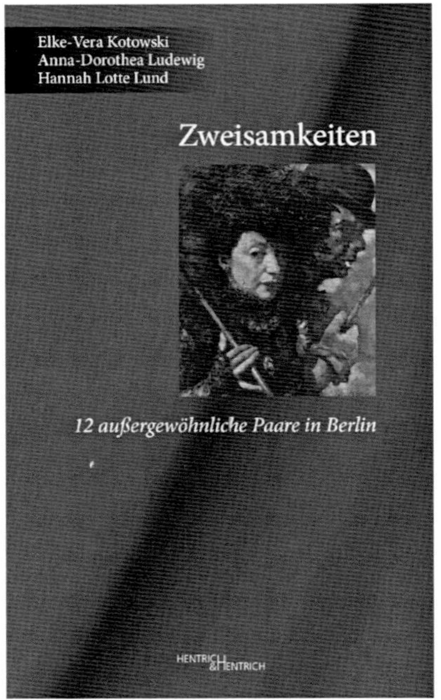

Elke-Vera Kotowski, Anna-Dorothea Ludewig,
Hannah Lotte Lund
Zweisamkeiten. 12 außergewöhnliche Paare in Berlin
262 Seiten, Klappenbroschur, 54 Abbildungen
ISBN 978-3-95565-135-0, € 19,90